まちごとインド

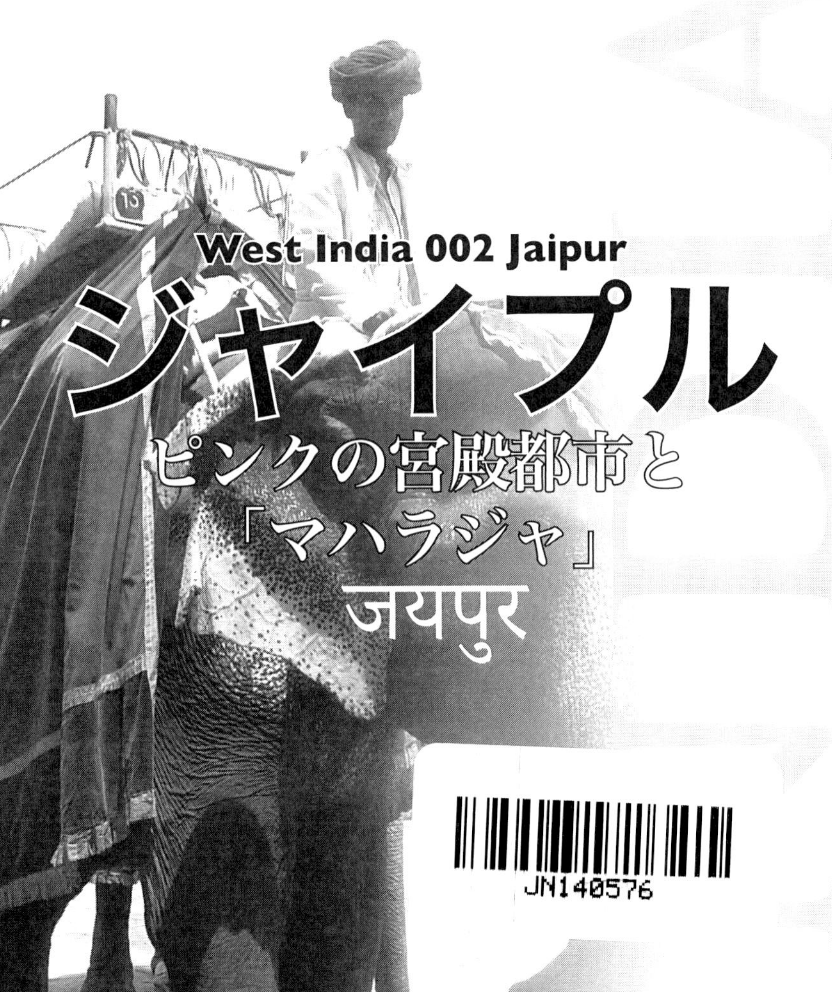

West India 002 Jaipur

ジャイプル

ピンクの宮殿都市と「マハラジャ」

जयपुर

Asia City Guide Production

【白地図】ラジャスタン州

ラジャスタン州
0km
200km

【白地図】ジャイプル

ジャイプル
0km
1km

【白地図】ジャイプル新市街

新市街
0m
500m

【白地図】ジャンタルマンタル

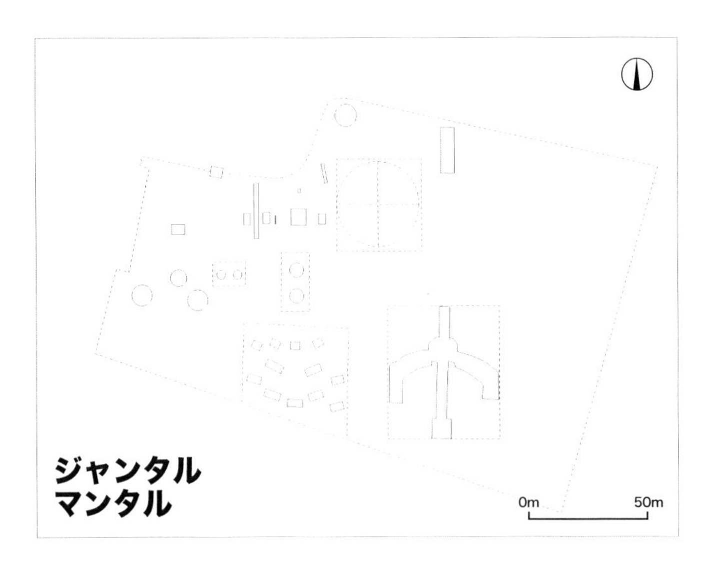
ジャンタル
マンタル
0m
50m

【白地図】シティパレス

シティパレス
0m
100m

【白地図】ジャイプル旧市街

旧市街
0m
300m

【白地図】アンベール城

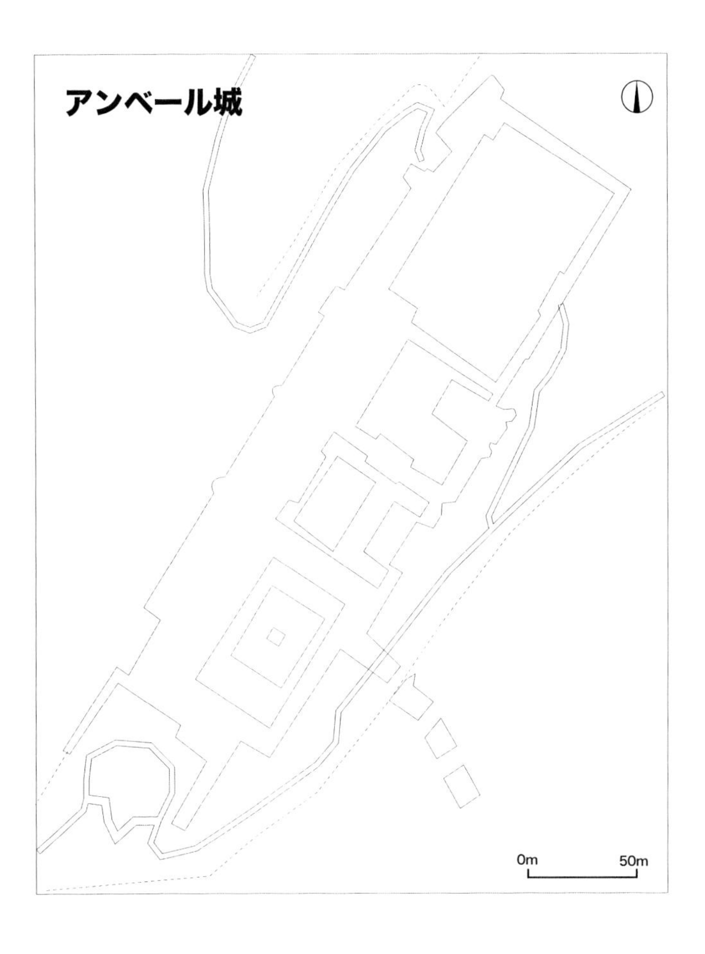
アンベール城
0m
50m

【白地図】アンベール

アンベール
0m
300m

【白地図】ジャイプル郊外

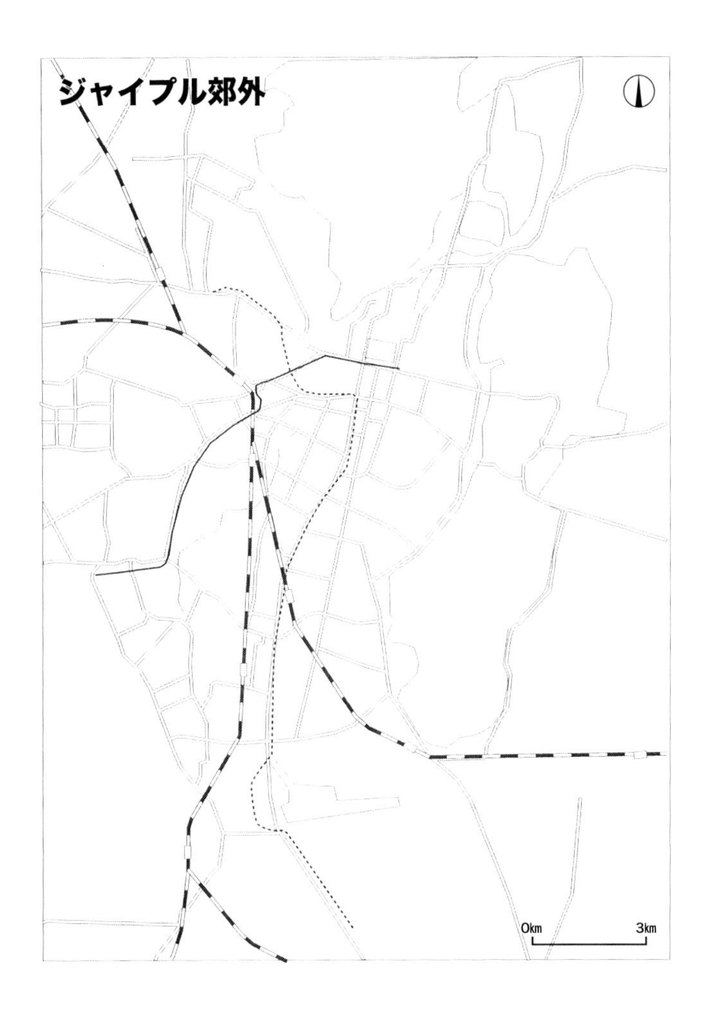
ジャイプル郊外
0km
3km

【まちごとインド】

西インド 001 はじめてのラジャスタン

西インド 002 ジャイプル

西インド 003 ジョードプル

西インド 004 ジャイサルメール

西インド 005 ウダイプル

西インド 006 アジメール（プシュカル）

西インド 007 ビカネール

西インド 008 シェカワティ

パキスタンへ続く広大なタール砂漠の入口に位置するラジャスタン州の州都ジャイプル。ここは王族の末裔を称する誇り高きラージプート族の故地のなかでも、もっとも繁栄をきわめたところで、今なお街にはマハラジャとその一族が暮らしている。

もともとマハラジャの宮殿はこの街から北 11kmのアンベール城にあったが、1727 年、名君サワイ・ジャイ・シン 2 世の時代にこの地に美しい計画都市ジャイプルが建設された。古代ヒンドゥー教の理念をもとに宮殿と街路が整備され、そこ

には天体を観測する天文台も敷設されていた。

以後、ジャイプルはムガル帝国、英領イギリス時代を通じて臣下や保護国という立場をとりながら、事実上の統治者マハラジャのもと繁栄を続けた。1853年、イギリスのアルバート公の訪問をきっかけに街は「歓迎」を意味するピンク色にぬられたことから、ピンク・シティの名で呼ばれている。

【まちごとインド】

西インド 002 ジャイプル

目次

【MEMO】

【地図】ラジャスタン州

ラジャスタン州
ラホール
アムリトサル
ハラッパ
パンジャーブ州
チャンディガール
ムルタン
バハーワルプール
ハリヤナ州
パキスタン
デラワールフォート
デリー
グルガオン
デリー
ビカネール
モヘンジョダロ
サッカル
マトゥラー
ケオラデオ国立公園
ジャイサルメール
ラジャスタン州
アーグラ
ジャイプル
アジメール
ジョードプル
グワリオール
ハイデラバード
コーター
アブー山
チットールガル
ウダイプル
マディヤプラデシュ州
グジャラート州
ウッジャイン
ブジ（カッチ）
アーメダバード
インドール
ヴァドーダラー
ラージコート
マハラシュトラ州
アラビア海
アウランガバード
0km
200km
ムンバイ
プネー

INDIA
西インド

誇り高き王たちの世界へ

ジャイプルは西インド、ラジャスタン地方の中心都市
1000年以上続く王族の伝統と
アラビアン・ナイトを思わせるマハラジャの生活

王の土地

ラジャスタンという地名は「王の土地（ラージャ・スターン）」に由来し、1947年のインド独立までマハラジャが治める19の藩王国があった。そのなかでもウダイプルのメワール家、ジョードプルのマルワール家、アンベール（ジャイプル）のカッチワーハ家が代表的な王家として知られていた。これら王家は、バラモンにつくらせた神話時代にまでさかのぼる家系図をもち、太陽（日種族）、月（月種族）、炎（祭火族）といった王統であることを誇っている。このラージプート諸族は8世紀ごろからあらわれ、女性隔離パルダや、先立たれた

夫のために殉死するサティ、幼児婚はじめ、ヒンドゥー教徒にとって美徳とされる文化や慣習が見られてきた。

マハラジャの生活

20世紀なかごろまで英領インドには半独立状態の藩王国（イギリスの保護国）が600ほどあり、ヨーロッパ一国の規模に相当するものから、地主程度のものまで大小さまざまな藩王国があった。その藩王国の支配者がマハラジャで、各藩王国で独自の政治体制や文化が育まれることになった。立派な宮殿に調度品を集め、奢侈をきわめた生活を送るマハラジャ、美女とたわむれ、アヘンや酒づけの生活にふけるマハラジャも多かった。ラジャスタンにはこのような藩王国が 20 ほどあり、砂漠、宮殿、美女を集めたハレムといったアラビアンナイトを彷彿とさせる世界が広がっていた。

ヒンドゥーの理想都市

ジャイプルは入念に計画された碁盤の目状のプランをもち、1727 ～ 29 年にかけて建設された（都市プランは古代インドの『実利論』で示された理想的な都市が意識されたという）。中心に王宮がおかれ、東西と南北に走る街路で一辺 800m の

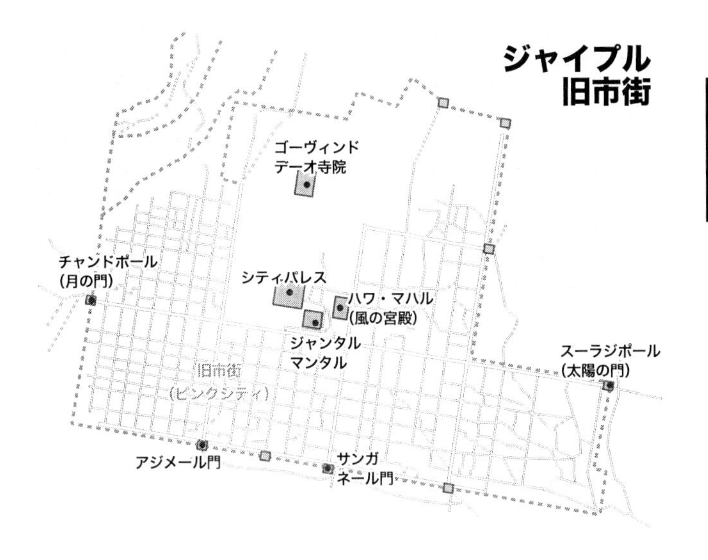

正方形ブロックが９つならんでいる。ブロックは３×３の対称型ではなく、湿地帯をさけるために北西のブロックを南東へうつした変形型となっている。また宮殿地区の前を走る東西の大通りが15度かたむいているのは、東の丘に立つスーリヤ寺院（王家が帰依する）からジャイ・シン２世を守護する獅子座（シンは獅子）の角度にあわせた、西日が直接入らないようにずらした、この地形にあわせたなどの理由が考えられている。造営にあたってベンガル出身のバラモン、ヴィディヤーダール・チャクラヴァルティが参加し、新たな建築を建てる場合には、このバラモンに計画書を提出して許可を

受けなければならないなど、細やかな配慮がされたという。

ジャイプルの構成

アーグラとアジメールを結ぶ幹線上に位置するほか、北方はデリーに通じるジャイプルの地（ムガル帝国時代以来の要衝）。北側と東側を丘陵に囲まれた要害の地で、街の中心にマハラジャの暮らしたシティ・パレス、風の宮殿、世界遺産にも指定されているジャンタル・マンタルが集まる。ここから北 11kmに残るのがジャイプル王家の古都アンベールで、ジャイプル市街とアンベール城を結ぶ幹線のそばには水の宮

▲左　子どもたちが見学に訪れていた、シティ・パレスにて。　▲右　世界遺産にも指定されているアンベール城

殿やガイトール（王室墓園）などジャイプル王家に関する遺構が残る。また旧市街の南部と西部が20世紀以降に発展した新市街で、ジャイプル駅近くにはホテルがならぶ。ジャイプル空港は南郊外のサンガネールに位置し、現在ではジャイプル市街とひと続きになっている。

【地図】ジャイプルの［★★★］

- □ 旧市街 Pink City
- □ シティ・パレス City Palace
- □ ジャンタル・マンタル Jantar Mantar
- □ アンベール城 Amber Fort

【地図】ジャイプルの［★★☆］

- □ ビルラー寺院 Birla Temple
- □ 王室墓園（ガイトール）Royal Chatris
- □ 水の宮殿（ジャル・マハル）Jal Mahal

【地図】ジャイプルの［★☆☆］

- □ ラーム・バーグ・パレス Ram Bagh Palace
- □ ガルタ Galta
- □ ナルガール要塞 Nahargarh Fort
- □ ガネーシャ寺院 Garh Ganesh Temple

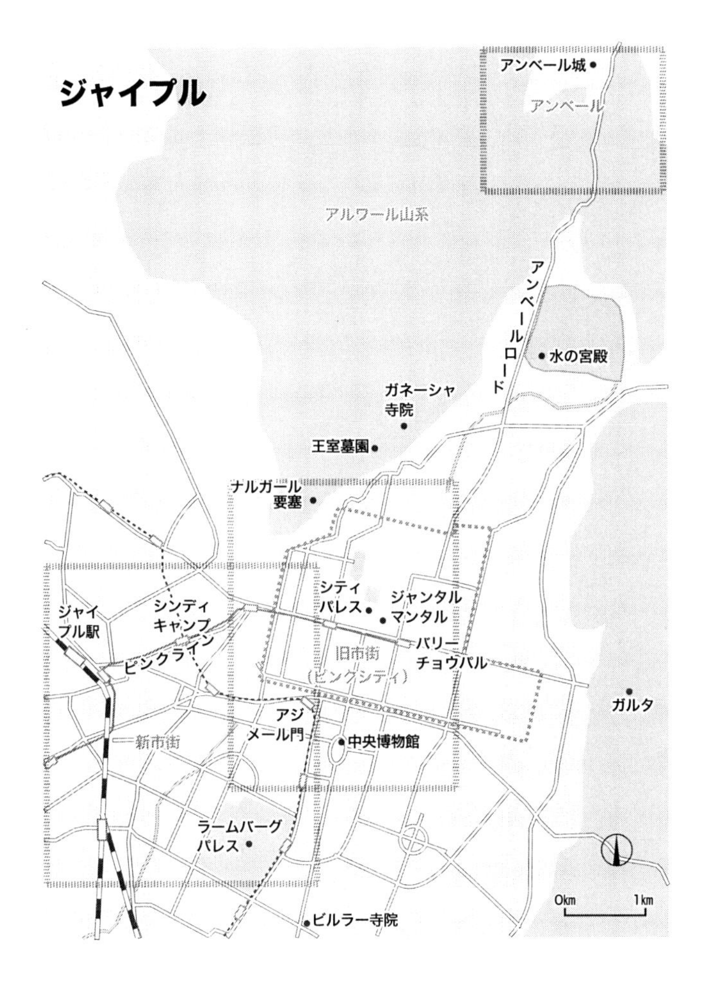
ジャイプル
アンベール城
アンベール
アルワール山系
アンベールロード
水の宮殿
ガネーシャ寺院
王室墓園
ナルガール要塞
シティパレス
ジャンタルマンタル
シンディキャンプ
ジャイプル駅
ピンクライン
バリーチョウパル
旧市街（ピンクシティ）
ガルタ
アジメール門
中央博物館
新市街
ラームバーグパレス
ビルラー寺院
0km
1km

【地図】ジャイプル新市街の［★★★］

□　旧市街 Pink City

【地図】ジャイプル新市街の［★★☆］

□　M・I・ロード Mirza Ismail Road

□　中央博物館 Central Museum

【地図】ジャイプル新市街の［★☆☆］

□　ラーム・バーグ・パレス Ram Bagh Palace

新市街
チャンド
ポール
チョッティ
チャウパル
シティ
パレスへ
セントラル
バススタンド
シンディー
キャンプ
ピンクライン
ジャイ
プル駅
M・I・ロード
ドーロCS
旧市街
(ピンクシティ)
ガバメント
ホスピタル
アジメールロード
ラジマンディル
シネマ
アジメール門
中央
博物館
新市街
SMS
ホスピタル
ラームバーグ
パレス
0m
500m

INDIA
西インド

Guide, Jantar Mantar 天文台鑑賞案内

巨大な三角定規状の観測機
地上に掘られた円形のお椀
にぎやかな天文広場ジャンタル・マンタル

जंतर मंतर；ジャンタル・マンタル Jantar Mantar ［★★★］

マハラジャの宮廷の一角に位置する天文観測所ジャンタル・マンタル（ジャンタルは「機器」を、マンタルは「計測」を意味するサンスクリット語）。天文学に造詣が深かったジャイ・シン2世の命で1734年につくられ、三角形や円形など幾何学的なかたちを組みあわせた巨大な観測機が30基近くならんでいる。ここでジャイ・シン2世は自らの肉眼で太陽の運行や黄道十二宮の星座を観測し、星表をつくってムガル皇帝へ献上している。ジャイプルの計画都市よりも先にジャンタル・マンタルの建設を考えたと言われ、現在では世界遺

▲左　2秒単位まで時を計測できるラグサムラート・ヤントラ。　▲右　太陽の角度から季節を把握するナディ・ヴァラヤ・ヤントラ

産に登録されている。

巨大天文観測所の造営

このジャンタル・マンタルの造営にあたって、マハラジャはアラブやペルシャやヨーロッパなど世界各地から文献をとりよせ、かつイスラム天文学の伝統をもつウルグ・ベグの天文台（サマルカンド）を参考にして建設にとりかかった。観測機器は金属製ではなく、たわみのでない石づくりのものが採用され、それまでにないほど巨大な観測機となった（マハラジャは、より大きいほうが正確な測定ができると考えていた）。

चक्र यंत्र；チャクラ・ヤントラ Chakra Yantra［★☆☆］

星座や惑星の位置をはかるためのチャクラ・ヤントラ。ジャイ・プラカーシュ・ヤントラと同じように地面を繰りぬいたふたつの半球があり、そのあいだに鉄製の円形器具がある。

जय प्रकाश यंत्र；
ジャイ・プラカーシュ・ヤントラ Jai Prakash Yantra［★☆☆］

天体の赤道座標と地平座標をはかるための機器ジャイ・プラカーシュ・ヤントラ。直径5mほどの半円球が地面に繰りぬかれていて、観測者はこのなかに入って太陽の影を測定したという。

【MEMO】

【地図】ジャンタルマンタルの［★★★］

- □ ジャンタル・マンタル Jantar Mantar

【地図】ジャンタルマンタルの［★★☆］

- □ ラシヴァラヤ・ヤントラ Rashi Valaya Yantra
- □ サムラート・ヤントラ Samrat Yantra

【地図】ジャンタルマンタルの［★☆☆］

- □ チャクラ・ヤントラ Chakra Yantra
- □ ジャイ・プラカーシュ・ヤントラ Jai Prakash Yantra
- □ クランティ・ヴリッタ・ヤントラ Kranti Vritta Yantra
- □ ラグサムラート・ヤントラ Lagh Samrat Yantra
- □ ダクシノヴリッティ・ヤントラ Dakshino Vritti Yantra
- □ ラム・ヤントラ Ram Yantra

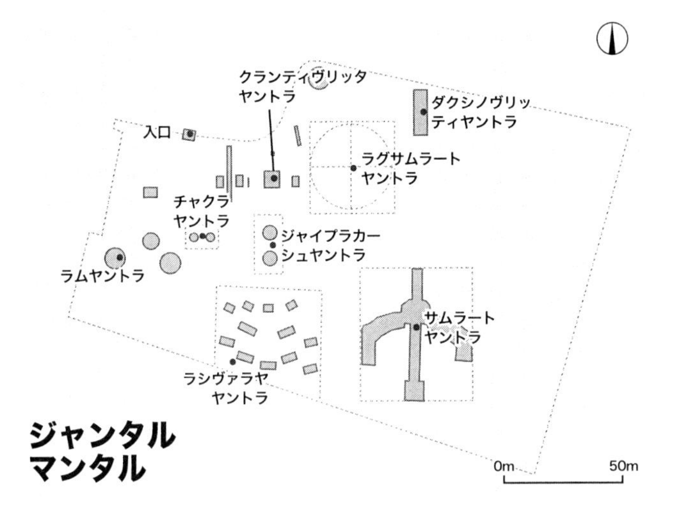

क्रांतिवृत्त यंत्र ;
クランティ・ヴリッタ・ヤントラ Kranti Vritta Yantra［★☆☆］

小さな天体観測器具クランティ・ヴィリッタ・ヤントラ。黄道器具と呼ばれる金属製の器具をくみあわせて天体の位置をはかる。南側には季節を測るナディ・ヴァラヤ・ヤントラが位置する。

लघु सम्राट यंत्र ;
ラグサムラート・ヤントラ Lagh Samrat Yantra［★☆☆］

太陽の光を利用した日時計ラグサムラート・ヤントラ。階段状の計測器には細かい目盛りが刻まれていて、2秒単位で時間を把握できるという。

राशि वलय यंत्र；
ラシヴァラヤ・ヤントラ Rashi Valaya Yantra［★★☆］

黄道十二宮を観測するための機器ラシヴァラヤ・ヤントラ。それぞれの星座に向かって12機が備えつけられているため、方向やかたちに統一性がない。各星座が南中したときに、天体の緯度や経度をはかるのだという。造営にあたってジャイ・シン2世自ら指揮をした。

▲左　高さ 27m のサムラート・ヤントラ。　▲右　ジャンタル・マンタル前にいたへび使い

सम्राट यंत्र;サムラート・ヤントラ Samrat Yantra ［★★☆］

ジャンタル・マンタルのなかでも一際目をひくサムラート・ヤントラ（「日時計の王様」）。高さ 27m 横 44m の巨大な観測器具で、方角と傾斜は天上で不動の北極星にあわせてある。階段をのぼったところの斜辺に目盛りがあり、太陽の光を受けた針の影を見ることで、2 秒単位（1 分間に 6cm移動する目盛りが 30 にわけられている）の時間を読みとることができるという。入口近くのラグサムラート・ヤントラはこれを小さくしたもので、高さ 6m となっている（当時、すでにヨーロッパでは望遠鏡が発明されていた）。

दक्षिणोदक भित्ति यंत्र ; ダクシノヴリッティ・ヤントラ Dakshino Vritti Yantra［★☆☆］

サムラート・ヤントラ北側に位置するダクシノヴリッティ・ヤントラ。太陽の高度がはかれるほか、壁面で時刻を知ることができる日時計。逆半円形の特徴的な外観をもつ。

राम यंत्र ; ラム・ヤントラ Ram Yantra ［★☆☆］

敷地内でもっとも西側にあるラム・ヤントラ。太陽の高度と方位をはかる観測機で、12の柱で円をつくり、太陽が落とす影から測定する。すぐそばに同型のものがあり、一対となっている。

「とき」を刻む天体観測

INDIA
西インド

古来、人類は天体の運行を観測し
季節を知り、「とき」を刻んできた
天文学はもっとも原初的な科学だと言われる

「とき」をはかる

「太陽の日差しはいつ陰から陽へ転ずるか（冬至）」「農耕をいつ開始するか（春分）」。人類にとって天体を観測し、季節を把握することは宗教祭祀、農耕などで必要不可欠なものだった。メソポタミア、中国、ギリシャなどの古代世界ではいずれも、太陽の運行や月の満ちかけを観察して「とき」をはかる暦がつくられてきた。地球が太陽のまわりを一周する1年は365日ではなく、正確には365日と5時間48分46秒。そのため古今東西の天文学者がより正確な「とき」を知るために、いくもの暦がつくられ、それは王権と密接に結びついてきた(コンピュータという言葉が、暦算法と同じコンプトゥス を語源とする)。現在、日本では4年に一度閏日(2月29日)を入れるなどして調節するグレゴリオ暦が使用されている。

インドと天文学

インドでは紀元前500年ごろには暦法が記された『ジョーティシャ・ヴェーダーンガ』という天文学書があったという。その後、紀元前後にはギリシャ天文学がインドに伝わり、それをもとに黄道十二宮や太陽の運行が調べられるようになった。また14世紀にイスラム王朝が成立すると、当時、世界最先端だったイスラム天文学が伝えられ、ジャンタル・マンタルの建設にも影響をあたえている。このようにインドの天文学は、西欧やイスラムの天文学の影響を受けながら、インド独特のものとして発展してきた。自分の守護星などが細かく記されたホロスコープ（誕生占い）は、結婚や就職などでも幅広く使用されている。

インドの暦

1957年からインドで公式に実施されているシャカ暦は、中央アジアからのシャカ族がインダス河流域を征服した紀元前

▲左　地面に埋め込まれた半球型のジャイ・プラカーシュ・ヤントラ。　▲右　天体を測ることは王権と結びついた、写真は中国北京の故宮

57年を元年とする太陽暦で、3月22日を元旦とする。インドでは、シャカ暦のほかに西暦、ヴィクラマ暦、ヒジュラ暦など数十種類の暦法が使われているという。これは多様な宗教や民族がそれぞれの暦をもっているためで、たとえばイスラム教徒が使うヒジュラ暦は太陰暦であるため（1年が354日)、毎年、元旦の季節がずれていく。

インド各地に残るジャンタル・マンタル

天文学に深い関心を寄せていたジャイプルのマハラジャ、ジャイ・シン2世。フランスの数学者ラ・イールの表はじめ、アラブ、ペルシャなど各地の資料をとりよせ、天文台の建設を試みた。1724年、最初に建てられたのが、宗主ムガル帝国の都デリーのもので、その後、1734年までのあいだにジャイプル、ウッジャイン、バラナシ、マトゥラーにジャンタル・マンタルを造営した（マトゥラーには現存しない）。それらはヒンドゥー教の聖地となっていて、マハラジャが沐浴や巡礼に訪れ、その離宮もおかれていた。

Guide,
City Palace

宮殿地区鑑賞案内

INDIA
西インド

宮廷地区は古くジャイ・シン２世が狩りを行なっていた場所
そのときに建てた離宮（ジャイ・ニワース）
をとりかこむようにして宮殿が建てられた

सिटी पैलेस；シティ・パレス City Palace［★★★］

ジャイプル旧市街の中央に立つマハラジャの宮殿シティ・パレス。ジャイ・シン２世で1733年に完成し、アンベール城からこの地に都が遷されて以来、アンベール王家の宮殿としてマハラジャが起居し、現在でもその子孫が暮らしている。チャンドラ・マハル（月の宮殿）、ディワーネ・カース、チャハール・バーグなどの主要建築では、当時、最先端の様式だったムガル建築の影響が認められる。また敷地内は博物館となっていて、ジャイ・シン２世がムガル皇帝へ献上した天文表、武器や楽器、マハラジャの衣装などの展示品が見られる。

▲左　ターバン姿の男性、ラジェンドラ門近くにて。　▲右　今なおここでマハラジャが暮らしている

मुबारक महल；ムバラク・マハル Mubarak Mahal［★☆☆］

衣類やサリーなどが展示されているムバラク・マハル。マハラジャの愛用したシルクのガウンやテキスタイル（布地）などが見られる。建物はイギリスの建築家によって設計された。

राजेंद्र गेट；ラジェンドラ門 Rajendra Gate［★☆☆］

シティ・パレスの前方と奥の空間を結ぶラジェンドラ門。門番が立ち、両脇には大理石製の象がおかれている。

दीवान-ए-खास;ディワーネ・カース Diwan-e Khas[★★☆]

マハラジャが来客に謁見したディワーネ・カース。巨大な銀壺がおかれていて、1902年にイギリス国王の戴冠式のために渡英したマハラジャはこの壺のなかにガンジス河の水を入れてイギリスまでたずさえ、沐浴に使ったという逸話が残っている（また、異国の食材を清めるため、渡英にあたってインドのマハラジャは、ガンジス河の水を携帯したという）。

दीवान-ए-आम;ディワーネ・アーム Diwan-e Aam[★☆☆]

ディワーネ・カースの東側に立つ謁見殿ディワーネ・アーム

【MEMO】

【地図】シティパレスの［★★★］

- □ シティ・パレス City Palace
- □ ジャンタル・マンタル Jantar Mantar
- □ 風の宮殿（ハワ・マハル）Hawa Mahal

【地図】シティパレスの［★★☆］

- □ ディワーネ・カース Diwan-e Khas

【地図】シティパレスの［★☆☆］

- □ ムバラク・マハル Mubarak Mahal
- □ ラジェンドラ門 Rajendra Gate
- □ ディワーネ・アーム Diwan-e Aam
- □ チャンドラ・マハル（月の宮殿）Chandra Mahal
- □ ゴーヴィンド・デーオ寺院 Govindji Mandir
- □ バリー・チョウパル Badi Chaupar

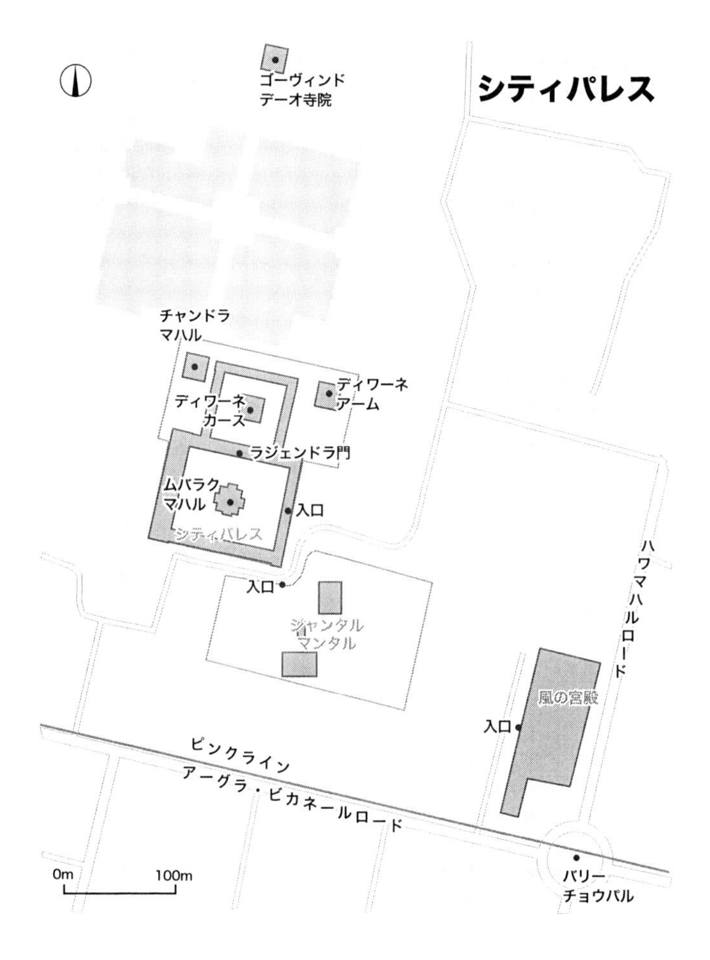
シティパレス
ゴーヴィンド
デーオ寺院
チャンドラ
マハル
ディワーネ
カース
ディワーネ
アーム
ラジェンドラ門
ムバラク
マハル
入口
シティパレス
入口
ジャンタル
マンタル
ハワマハルロード
風の宮殿
入口
ピンクライン
アーグラ・ビカネールロード
0m
100m
バリー
チョウパル

(サブハ・ニワス)。ジャイプルの歴代マハラジャの肖像画を見ることができる。

चन्द्र महल ; チャンドラ・マハル Chandra Mahal [★☆☆]

シティ・パレスの中心的な建物となっている白大理石製の7階建てのチャンドラ・マハル(月の宮殿)。前方の中庭には4つの門があり、それぞれ孔雀など嗜好をこらした装飾が残る。1階は博物館で、その奥と上階はマハラジャ一族の居住空間となっている(1947年のインド独立にあたって、マハラジャも一市民となったが、しばらくのあいだ年金の保証な

▲左　チャンドラ・マハルの孔雀ゲート。　▲右　精緻な浮き彫りが見られるムバラク・マハル

ど優待条件があった）。

ジャイ・シン２世とは

ジャイプルを造営したジャイ・シン２世は、ムガル帝国下の太守、勇猛な武将にして、インドの古典、イスラムやヨーロッパの科学にも通じた近世インドを代表する人物として知られる。ジャイ・シン２世がアンベール国のマハラジャになったのは11歳のころだが、早くからその才能が認められ、宗主国であるムガル帝国のアウラングゼーブ帝から「サワイ（「1と４分の1」を示し、カチュワーハ家の祖先ジャイ・シンよ

りも偉大だという意味)」という称号を受けている。ムガル帝国の没落期にあって、サワイ・ジャイ・シン2世は、計画都市ジャイプルや天文台ジャンタル・マンタルの造営など後世に残る事業を行なっている。

ジャイプルの造営

ラジャスタン地方をわけるように走るアラーワリー山系。ジャイプルを都においたカチワーハ家の城はこの山系の中腹にあったが、18世紀、ジャイ・シン2世の時代に山を降りて新たな都ジャイプルがつくられることになった。ジャイ・

シン２世はジャイプルが広がる土地の重要性に早くから着目していたと言われ、アンベール城から狩りにでかけ、森林が茂り小さな村があるだけだったこの地に小屋を建て、池を掘るなどしていた。そこはジャイ・ニワース（現在のシティ・パレスの北側に隣接する）と呼ばれ、ジャイプルの造営にあたって宮殿地区にとりこまれることになった。

गोविंदजी मंदिर；ゴーヴィンド・デーオ寺院 Govindji Mandir［★☆☆］

シティ・パレス北側に位置するゴーヴィンド・デーオ寺院。牛飼いクリシュナ（ゴーヴィンド・デーオ）神がまつられていて、ジャイプルの王族の帰依を受けている。もともとこの寺院は、クリシュナが牧女とたわむれたというブリンダーバン（マトゥラー近く）にあったが、18世紀、アウラングゼーブ帝の極端なイスラム化政策から逃れるために、マトゥラーに隣接する地域のジャイプルへ移された。熱心なヒンドゥー教徒でもあったジャイ・シン2世は「ゴーヴィンド・デーオの下僕」と称し、その伝統はジャイプル王家に代々受け継がれている。ほかにもジャイプルにはヒンドゥー教ヴィシュヌ派の寺院が多く、ゴーヴィンド・デーオ寺院と同時期に建てられたスーラジ寺院などがある。

▲左　風の宮殿内部、女性たちはほとんど外に出ることなくここで暮らした。
▲右　美しい姿を見せる風の宮殿

हवा महल；風の宮殿（ハワ・マハル）Hawa Mahal［★★★］

シティ・パレスの東側の大通りに面して立つ風の宮殿（ハワ・マハル）。ジャイ・シン2世に続いてマハラジャとなったサワイ・プラテープ・シンによって1799年に建てられた。赤砂岩を素材とする5階建ての建物となっていて、街路に面した透かし彫りのテラスから宮廷の女性が街の様子を眺めていたと言われる（ラジャスタンでは伝統的に女性隔離が行なわれ、女性が人前に出ることはごく限られていた。外側からなかが見られないような工夫がされている）。チャトリが連なるデザインと精緻な彫刻がほどこされた建築は、ジャイ・シン2世の死後もアンベール王家の繁栄が続いたことを端的に示すものだという。「風の宮殿」という名前は、窓からの風のめぐりがよいように設計されていることからついている。

神格としての太陽、月、水、風

ジャイプルには風の宮殿、月の宮殿、水の宮殿、太陽の門というように自然や自然現象を名前に冠した建物が多く見られる。古くからインドでは、王族は太陽や月の末裔だと考えられてきた。ラージプート諸族は、それぞれ神話時代にさかのぼる系譜をもち、太陽や月、炎を先祖とする。こうした王族

▲左　風の宮殿、ジャンタル・マンタル、シティ・パレスが1か所に集まる。
▲右　ラクダ革の靴はジャイプル名物、バリー・チョウパルにて

の末裔としての系譜は、バラモンによってつくられたもので、古代インドの聖典『リグ・ヴェーダ』には神格としての太陽や月が登場する。ジャイプルのカチュワーハ王家は太陽神をその先祖にもつとされ、ピンク・シティ東の丘陵ガルタに位置するスーラジ寺院を守護者としてまつっている。

बडी चौपर；バリー・チョウパル Badi Chaupar［★☆☆］

シティ・パレスの南東、風の宮殿の目の前に位置するバリー・チョウパル。ラジャスタンの衣服や靴、雑貨などを扱う店舗が集まり、多くの人でにぎわう。

Guide, Pink City
旧市街城市案内

街路に面した建物の高さがそろい
かつピンク色に統一されていることから
インドでも有数の美しさにあげられるジャイプル旧市街

गुलाबी शहर ; 旧市街 Pink City ［★★★］

鮮やかなピンク色で塗られた建物が続くジャイプルの旧市街。1853年、宗主国イギリスのアルバート王子がこの街を訪れるにあたって、ジャイプル藩王のラーム・シンが「歓迎（ピンクは歓迎を意味する）」の意を表して以来のもので、そこからこの街はピンク・シティの名前で呼ばれている。18世紀、ジャイ・シン2世によって造営され、宮殿、軍営、商業地区、職人地区などの区画があらかじめ決められた。宮殿の前面を東西に走る大通りが、東のスーラジ・ポール（太陽門）から西のチャンド・ポール（月光門）へと直線に伸び、旧市街の軸線となっている。碁盤の目状に道路が走り、それらが直交するところにはチョウパルと呼ばれる広場（公共空間）がおかれている。

मिर्ज़ा इस्माइल सड़क;M･I･ロード Mirza Ismail Road[★★☆]

M・I・ロードは、ジャイプル旧市街の南側を東西に走るジャイプルの目抜き通り。カフェ・ニロスやインディアン・コーヒー・ハウスといったジャイプルでも人気の店舗が軒を連ね、また近くには館内の豪華な装飾で知られる映画館ラジ・マンディル・シネマも位置する。

【MEMO】

【地図】ジャイプル旧市街の［★★★］

□ 旧市街 Pink City

□ シティ・パレス City Palace

□ 風の宮殿（ハワ・マハル）Hawa Mahal

□ ジャンタル・マンタル Jantar Mantar

【地図】ジャイプル旧市街の［★★☆］

□ M・I・ロード Mirza Ismail Road

□ 中央博物館 Central Museum

【地図】ジャイプル旧市街の［★☆☆］

□ アジメール門 Ajmeri Gate

□ ジョハリー・バザール Johari Bazar

□ バープー・バザール Bapu Bazar

□ ゴーヴィンド・デーオ寺院 Govindji Mandir

□ ナルガール要塞 Nahargarh Fort

旧市街
ナルガール
要塞
ジャイ
ニワース
ゴーヴィンド
デーオ寺院
シティパレス
チャンド
ポール
ピンクライン
チョッティ
チャウパル
シティ
パレス
ジャンタル
マンタル
風の
宮殿
バリー
チョウパル
旧市街
（ピンクシティ）
ジョハリーバザール
インディアン
コーヒーハウス
アジメール門
M・I・ロード
ニュー
ゲート
バープーバザール
ニロス
アジメール門
サンガ
ネール門
ラジマンディル
シネマ
0m
300m
中央博物館

अजमेरी गेट；アジメール門 Ajmeri Gate［★☆☆］

ジャイプル旧市街は、周囲 10kmにわたって高さ 6m の城壁ではりめぐらされている（プルは城壁に囲まれた都市を意味する）。これらの城壁の要所 8 ヵ所に城門がおかれ、アジメール門からはジャイプル南西のアジメール方面への道が伸びている。旧市街の城門のなかでももっともにぎわいを見せる門のひとつで、あたりにはリキシャが待機している。また城門は、ムガル王家とアンベール王家の婚姻関係を示すように、イスラム様式のイワン（門）の上部にヒンドゥー様式のチャトリが載るというラージプート建築が見られる。

▲左　インド人に人気の映画館ラジ・マンディル・シネマ。　▲右　ピンク色の街並みが続くジョハリー・バザール

जौहरी बाज़ार;ジョハリー・バザール Johari Bazar［★☆☆］

ピンク・シティ南側に立つサンガネール門から街の中心のシティ・パレスへ続くジョハリー・バザール。ここは旧市街でもっともにぎわうバザールで、ジョハリーとは宝石を意味する。シルクを扱う衣料店、老舗レストラン、露店などがならび、ピンク色に彩られた美しい街並みが続く。

बापू बाज़ार；バープー・バザール Bapu Bazar［★☆☆］

刺繍のほどこされた布地、バッグ、クッション、サリーなど女性向けの衣料、雑貨店が軒を連ねるバープー・バザール。

旧市街南側の城壁の北側を城壁に沿うように走る。

旧市街の住居ハヴェリ

ジャイプル旧市街に軒を連ねる建物は多くがハヴェリと呼ばれる中庭をもつ住宅様式となっている。これらの建物は夏の暑い時期に涼をとれるような通風と採光を考えて設計されているほか、ラジャスタン地方に伝統的に残る女性隔離（女性は外に出ず、家のなかで過ごす）などの慣習に根ざした生活ができるよう工夫されている。また街路に面した前面部の柱には彫刻がほどこされるなど、景観上の配慮もなされている。

▲左　ジャイプルの代表的建築にもあげられる中央博物館。　▲右　旧市街の移動ではリキシャが活躍する

अल्बर्ट हॉल संग्रहालय；中央博物館 Central Museum［★★☆］

ピンク・シティの南側、シティ・パレスと向かいあうように立つ中央博物館。1876年、イギリスのアルバート王子の命で、ラームニワース庭園に建てられたことからアルバート・ホールとも呼ばれる。この博物館にはマハラジャの衣類、宝石や彫刻、ラージプート絵画などが展示されていて、建築そのものはムガル建築とインド土着の建築を融合させたラージプート様式（チャトリにドームが載るといった）となっている。

Guide,
Amber Fort

アンベール城鑑賞案内

ピンク・シティ北郊外に残るアンベール城
世界遺産にも指定されている
ラジャスタンの丘陵城塞群のひとつ

आमेर दुर्ग ; アンベール城 Amber Fort［★★★］

ジャイプルの北 11㎞、アルワール山系の中腹にそびえる要塞のようなアンベール城。ここにはムガル帝国と血縁関係を結んだマーン・シン1世によって 1600 年に建てられた城砦、宮殿で、ムガル様式とヒンドゥー様式が折衷されている。この地の要塞の歴史は古く、1037 年にカチワーハ族（アンベール王家）が土着のミーナ族の山城を奪ってその根拠地とし、以来、18 世紀までラージプートの名門アンベール王家の都がおかれることになった。1728 年にジャイ・シン2世がジャイプルへの遷都を決めてからも、マハラジャの離宮として利

▲左　丘陵にそびえるアンベール城の遠景。　▲右　象のタクシーが往来する

用され、今なお美しい姿をとどめている。

ムガルとラージプートの婚姻

16世紀になってムガル帝国が成立すると、アンベール家王女とムガル帝国第3代アクバル帝の結婚式がアンベール城でとり行なわれている（ふたりの子サリームは後に第4代ジャハンギール帝として即位し、ムガルとラージプートの協力関係をもとに帝国は繁栄をきわめていた）。アンベール城はムガルとラージプート両王家の融合を示すようにイスラムとヒンドゥーの折衷様式となっている。

【MEMO】

【地図】アンベール城

【地図】アンベール城の［★★★］

□　アンベール城 Amber Fort

【地図】アンベール城の［★★☆］

□　ガネーシャ門 Ganesh Pol

□　ディワーネ・カース Diwan-e Khas

【地図】アンベール城の［★☆☆］

□　ジャレブ・チョウク Jaleb Chowk

□　ライオン門 Singh Pol

□　ハーレム Harem

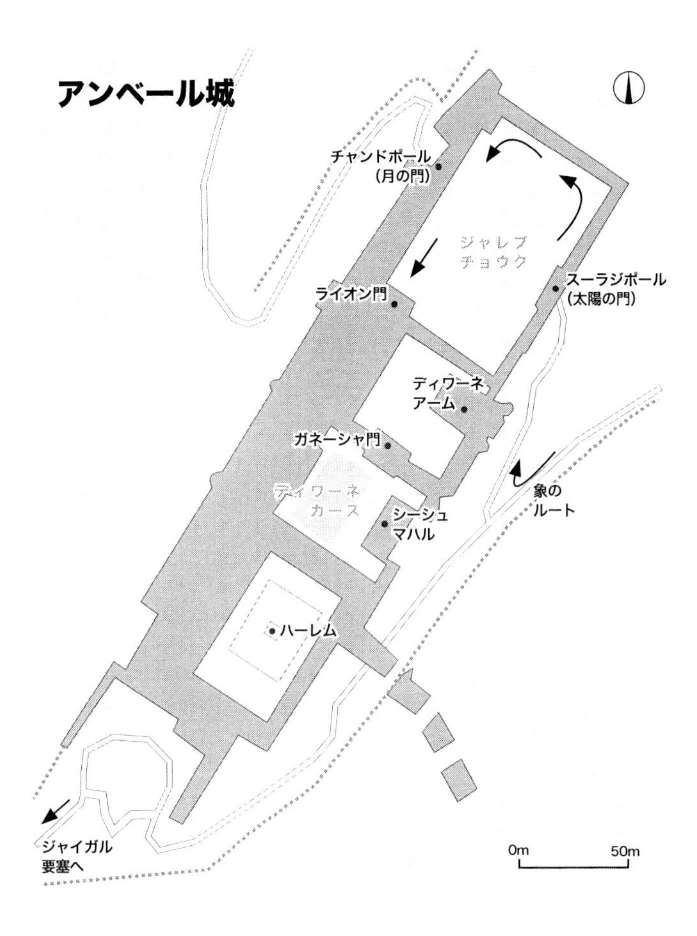
アンベール城
チャンドポール
（月の門）
ジャレブ
チョウク
スーラジポール
（太陽の門）
ライオン門
ディワーネ
アーム
ガネーシャ門
ディワーネ
カース
シーシュ
マハル
象の
ルート
ハーレム
ジャイガル
要塞へ
0m
50m

जलेब चौक；ジャレブ・チョウク Jaleb Chowk［★☆☆］
山麓からアンベール城へ登っていく象が到着するジャレブ・チョウク（象の顔は化粧されている）。アンベール城前方の広場で、東の太陽門が正門となっている。

सिंह पोल；ライオン門 Singh Pol［★☆☆］
アンベール城の宮殿地区への入口となっているライオン門。やや細くなった階段をのぼると、視界が開け、そばにはマハラジャが朝賀を受ける場であったディワーネ・アームが立つ。

▲左　美しい装飾が見られるガネーシャ門。　▲右　鏡で彩られた間シーシュ・マハル

गणेश पोल；ガネーシャ門 Ganesh Pol［★★☆］

宮殿内部へ通じ、富をつかさどる象頭神の名前がつけられたガネーシャ門。壁面はあざやかな装飾で彩られ、ラジャスタンを代表する門のひとつにあげられる（門の下部がイスラムのイワン様式、上部がヒンドゥー教のチャトリ様式）。これより奥はマハラジャとその一族、貴賓のみが入場を許された。

दीवान-ए-खास；ディワーネ・カース Diwan-e Khas［★★☆］

ガネーシャ門の背後が貴賓謁見殿ディワーネ・カース（「勝利の間」を意味するジャイ・マンディルともいう）。1639 年にジャイ・シン１世に建てられた宮殿で、４分割されたムガル式庭園の中庭チャハール・バーグを中心に宮殿群が展開する。マハラジャが政務を行なうなどアンベール城の中枢だったところで、東側に鏡で彩られたシーシュ・マハルも残る。

हरेम；ハーレム Harem［★☆☆］

アンベール城の最奥部に位置するハーレム。王妃や宮女たちが暮らした場所で、外の世界と遮断された女性たちの世界がここにあった。

Guide, Amber
アンベール城市案内

アンベールはカチワーハ族の故地とも言える
ジャイプル市街との幹線の道端には
水の宮殿や王室墓園も残る

जयगढ़ दुर्ग；ジャイガル要塞 Jaigarh Fort［★☆☆］

アンベール城を見下ろすようにそびえるジャイガル要塞。この要塞の歴史は11世紀にさかのぼるというが、現在残る宮殿はアンベール城と同じくマーン・シン1世の時代のもの（自然の地形を利用したつくりになっていて、戦火にまみえることがなかったという）。なかは博物館として整備され、巨大な大砲や武器類の展示が見られる。またここからはアンベール城の全貌が視界に入る。

▲左　湖にその姿を映す水の宮殿。　▲右　演奏するラジャスタンの楽師

अनोखी संग्रहालय ;
アノーキ美術館 Anokhi Museum［★☆☆］

ジャイプルに拠点をおくファッション・ブランドのアノーキが運営する美術館。ブロック・プリントの道具、テキスタイルなどの展示が見られる。

बावड़ी ; 階段井戸 Step Well［★☆☆］

アンベール城の北側に残る階段井戸。正方形の井戸にはどの高さの水位でも水が運べるように上部から下部へ向かって小さな階段が連続する。

【MEMO】

【地図】アンベールの［★★★］

□　アンベール城 Amber Fort

【地図】アンベールの［★☆☆］

□　ジャイガル要塞 Jaigarh Fort

□　アノーキ美術館 Anokhi Museum

□　階段井戸 Step Well

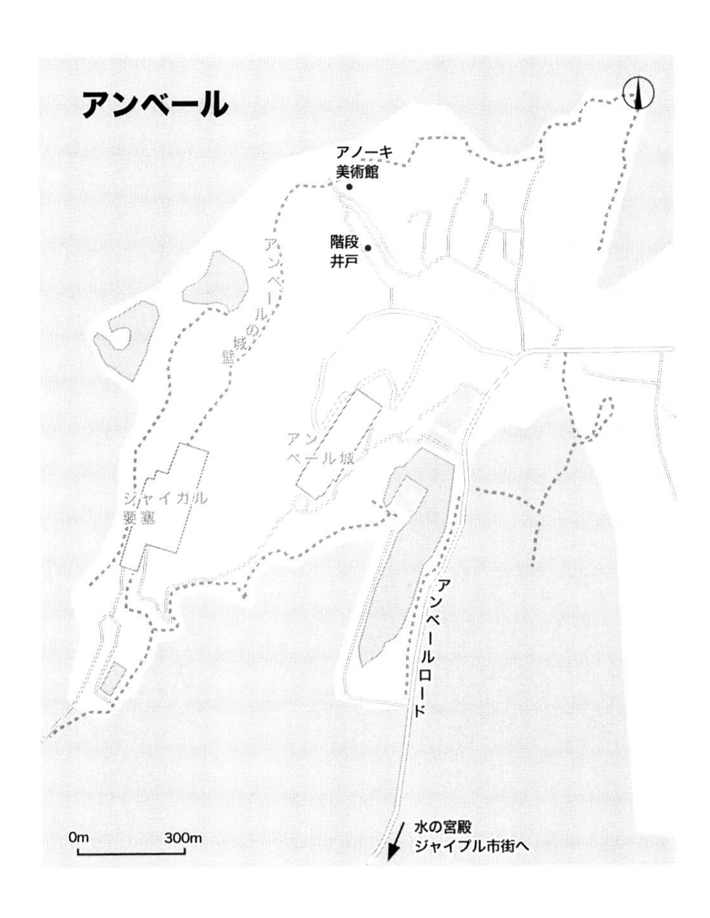
アンベール
アノーキ
美術館
階段
井戸
アンベールの城壁
アンベール城
ジャイガル
要塞
アンベールロード
水の宮殿
ジャイプル市街へ
0m
300m

जल महल;水の宮殿（ジャル・マハル）Jal Mahal［★★☆］

ジャイプルからアンベール城へ向かう途上に位置するジャル・マハル。市街へ供給する水源(貯水池)であったマン・サーガル湖に浮かぶように立つことから「水の宮殿」と呼ばれる。18世紀、ジャイ・シン2世の時代に建てられ、その離宮がおかれていた。

गैटोर；王室墓園（ガイトール）Royal Chatris［★★☆］

ジャル・マハルの西側に位置する王室墓園（ガイトール）。ここはジャイプル王家の墓園がおかれたところで、周囲は庭

▲左　マハラジャの一族がここに眠る、王室墓園。　▲右　壁に描かれた模様

園となっている。ピンク・シティを造営したジャイ・シン2世の墓をはじめ、カチュワーハ王族の墓がならぶ。もともとヒンドゥー教徒には墓を建てるという習慣はないが、イスラム教徒であるムガル帝国の影響からこのような墓がつくられるようになった。

गढ़ गणेश मंदिर；
ガネーシャ寺院 Garh Ganesh Temple［★☆☆］

ガイトールから丘陵へ続く道をのぼった頂上に立つガネーシャ寺院。ジャイプルを代表する由緒ある寺院で、象頭神ガネーシャがまつられている。ここからジャイプル市街を見渡すことができる。

नाहरगढ़ दुर्ग；ナルガール要塞 Nahargarh Fort［★☆☆］

1734年にジャイ・シン2世によって建てられたナルガール要塞。平地に位置するピンク・シティの防衛が目的で北側の丘陵に建設され、市街とは回廊で結ばれていた。なかには王妃のために建てられた宮殿が残っていて、ジャイプルの街が眼下に広がる。

Guide, Around Jaipur
郊外城市案内

首都デリーに近い立地から急成長をとげる
ラジャスタン州の州都ジャイプル
市街地は拡大を続け、郊外には開発区も見られる

गलत；ガルタ Galta［★☆☆］

太陽の門（スーラジ・ポール）からさらに東に位置する丘陵ガルタ。この丘にはジャイプル王家がその子孫と自認する太陽神をまつったスーラジ寺院が立ち、ジャイプルの街が一望できる。カッチワーハ氏族の守護者である太陽寺院、太陽門から月光門へいたる道がピンク・シティの軸線となっていて、この寺院を起点に東西を結ぶ通りがジャイプル旧市街をつらぬいている。

बिरला मंदिर ; ビルラー寺院 Birla Temple［★★☆］

ジャイプル新市街、中央博物館のちょうど南に立つビルラー寺院。ビルラー財閥の寄進で各地に建てられているヒンドゥー寺院のひとつで、ラクシュミー・ナラヤン寺院とも呼ばれる（ヴィシュヌ神の化身ナラヤンと、その妻ラクシュミー）。白大理石一色で彩られた外観と大きなシカラが強い印象をあたえる。

रामबाग पैलेस; ラーム・バーグ・パレス Ram Bagh Palace［★☆☆］

ピンク・シティ南部に位置するラーム・バーグ・パレス。こ

【MEMO】

【地図】ジャイプル郊外の［★★★］

□　アンベール城 Amber Fort

【地図】ジャイプル郊外の［★★☆］

□　水の宮殿（ジャル・マハル）Jal Mahal

□　王室墓園（ガイトール）Royal Chatris

□　ビルラー寺院 Birla Temple

【地図】ジャイプル郊外の［★☆☆］

□　ラーム・バーグ・パレス Ram Bagh Palace

□　サンガネール Sanganer

□　RIICO 工業地区 RIICO Industrial Area

□　ガネーシャ寺院 Garh Ganesh Temple

□　ナルガール要塞 Nahargarh Fort

□　ガルタ Galta

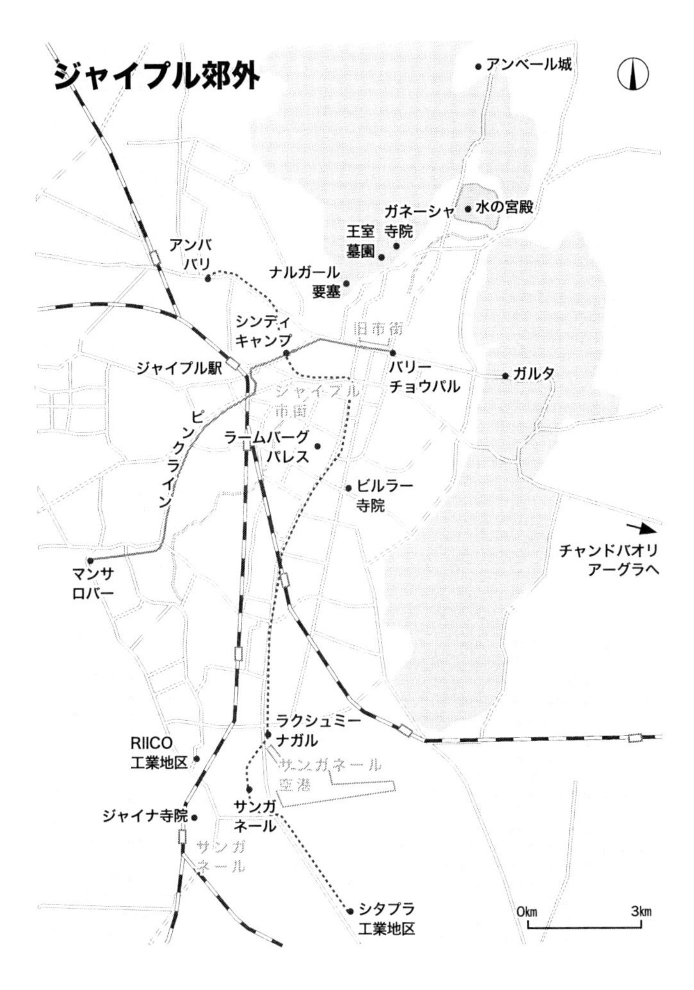
ジャイプル郊外
アンベール城
水の宮殿
ガネーシャ
寺院
王室
墓園
アンバ
バリ
ナルガール
要塞
シンディ
キャンプ
旧市街
ジャイプル駅
バリー
チョウパル
ガルタ
ジャイプル
市街
ピンクライン
ラームバーグ
パレス
ビルラー
寺院
チャンドパオリ
アーグラへ
マンサ
ロバー
ラクシュミー
ナガル
サンガネール
空港
RIICO
工業地区
ジャイナ寺院
サンガ
ネール
サンガ
ネール
シタプラ
工業地区
0km
3km

こはもともとジャイプル王家の狩猟場だったところで、1840年ごろ迎賓館として宮殿が建てられた。現在はその宮殿を改装してホテルとなっている。

सांगानेर；サンガネール Sanganer［★☆☆］

ジャイプルの南15kmに位置するサンガネール。ここは古くからこの地方の伝統産業である更紗や染めもので知られる村で、手作業で仕事に打ち込む職人の姿がある。また旧市街にはジャイナ教寺院が残り、精緻な彫刻を見ることができる。かつてジャイプル郊外だったが、現在ではひと続きになっている。

▲左　真っ白な外観のビルラー寺院。　▲右　サンガネールのジャイナ寺院

ジャイプルの産業

インド屈指の観光地として知られるジャイプルは、伝統工業のさかんな街としても知られる。マハラジャの宮殿建築や調度品でも存分に発揮されている宝石や大理石の加工品、金銀をもちいた工芸品、象牙細工などで見られる職人技はジャイプルならではのもの。また絨毯や更紗、染物なども有名で、ジャイプル近くのバグルーやサンガネールといった村には手作業で行なわれる伝統工芸が息づいている。

रीको औद्योगिक क्षेत्र ; RIICO 工業地区 RIICO Industrial Area ［★☆☆］

ジャイプル南郊外のサンガネール空港近くに位置するRIICO工業地区（RIICOはラジャスタン州産業開発・投資公社の略称）。首都デリーに近い立地を利用してインド財閥系や外資系企業が集まる開発区となっている。

चाँद बावड़ी ; チャンド・バオリ Chand Baori ［★★☆］

ラジャスタンの集落アバネーリーに残る階段井戸チャンド・バオリ。乾燥したラジャスタン地方では、灌漑用の井戸が掘られ、しばしば王権や神権とも結びついてきた。チャンド・バオリは、近くに基壇が残るアルシャト・マタ寺院とともに、9世紀ごろ伝説上のチャンド王の創建と伝えられる（アルシャト・マタ寺院は12世紀のイスラム勢力の侵攻で破壊された）。一辺35mの正方形、地下7層の巨大な階段井戸で、三方向から底に向かって小さな6段の階段が無数に連続する。こうした構造によって、どの水位でも水をかんたんに確保することができ、連続する階段群は大きなひとつの幾何学模様をつくり出している。アバネーリーはジャイプルとアーグラを結ぶ幹線沿いに位置し、ジャイプルから東に95km離れている。

アンベールの階段井戸

城市のうつりかわり

絶えることなく押し寄せてきた異民族の波
外敵と向きあうなかでラージプート族は育まれてきた
古代クシャトリヤの末裔を自認する誇り高き人々の姿

ラージプートの時代（8～12世紀）

8～12世紀にかけて北インド各地にラージプート諸族の王朝が樹立されたことから、この時代をラージプート（中央アジアからの侵入者と土着の勢力などを出自とする）の時代と呼ぶ。このなかでも屈指の名門として知られるのがジャイプルのカチュワーハ族で、『ラーマヤナ』の英雄ラーマの子孫を自認し、歴史的にアヨーディヤ、グワリオールといったインドの主要都市も治めていたという。966年、内部抗争などが原因でカチュワーハ族の一派はジャイプルに勢力を遷してドゥンダル国（ジャイプル国の前身）を建国した。その後、

1037年、土着のミーナ族からアンベール城を攻略し、ここにジャイプルへつながるアンベール国が樹立された。以来、カチュワーハ族のなかでも、ジャイプルのアンベール王家はその盟主としてラージプート族を代表する立場にあった。

イスラム勢力への戦い（12～16世紀）

氏族を中心とした強い結合をもつラージプート諸族は、他の氏族への対抗心からひとつにまとまることがほとんどなかった。12世紀になって本格的にイスラム勢力が北インドに侵入するなかで、ラージプート諸族はそれぞれが別々に戦いに

▲左　ラジャスタン料理のターリー。　▲右　アンベール城は外敵を遠ざける要塞でもあった

挑み、「イスラムの大軍への絶望的な戦いにのぞんで玉砕する」「女性は夫のあとを追って生命を断つ」「異教徒の手に落ちる前に集団自殺する」といった状況が見られた。1192年、デリーを陥落させたイスラム勢力によってデリー・サルタナット朝が樹立されると、ラージプート諸族は西インドの地方勢力となり、アンベール王家はジャイプル北のアンベール城を拠点としていた。「西インドに強い支配基盤をもつラージプート族」の扱いは中世以降、北インドの支配者がもっとも腐心することだった。

ムガル＝ラージプート体制時代（16～17世紀）

16世紀になると北インドでは、それまでにない強大なムガル帝国が樹立された。ラージプート諸族間の争いが絶えないなか、アンベール（ジャイプル）国は1556年、ムガル帝国と盟約を結んでその臣下となる道を選んだ。ムガル帝国第3代アクバル帝は、ラージプート族の協力のもと北インドに覇権を唱えることになるが（ムガル＝ラージプート体制）、ウダイプルのメワール国のようにムガル帝国に最後まで抵抗を続けるラージプート族もいた。第3代アクバル帝に続いて、ムガル帝国の全盛期に即位した第4代ジャハンギール帝、第

5代シャー・ジャハーン帝はいずれもラージプート族出身の王妃を母とした（ジャイプルという称号は、1600年にムガル帝国アクバル帝からあたえられた）。

ピンク・シティの造営（18世紀）

アンベール王家の黄金時代を築いたジャイ・シン2世が即位したのが、アウラングゼーブ帝の時代で、皇帝から「サワイ」の称号を受けている。ジャイ・シン2世は、1728年、計画都市ジャイプルを造営してアンベール城から都を遷し、ジャイプルはラジャスタンを代表する繁栄を見せるようになった。この時代、ムガル帝国の支配はかげりを見せはじめていて、ジャイプルもまた事実上の独立国となっていた（アウラングゼーブ帝の迫害から逃れるため、ブリンダーバンのゴーヴィンドデーオがジャイプルへ移されている）。

藩王国時代（19 ～ 20 世紀）

19 世紀に入ると、西インドのラージプート諸族は南からマラータ同盟の侵攻などを受けるようになった。インド各地の政権が勢力を伸ばすなかで、ラージプート諸国はイギリスの保護国となり、ラージプタナにはマハラジャを中心にした

▲左　マハラジャの肖像画、シティ・パレスにて。　▲右　ジャイプルのフルーツジュース屋さん

20ほどの藩王国がならび立つ状況だった。こうしたなかジャイプル国のジャガト・シンは1818年にイギリスと軍事同盟を結んでイギリスの保護国となった（1857年に起こったインド大反乱では反乱軍ではなく、イギリス側に味方している）。また1853年、宗主国イギリスのアルバート王子を歓迎する意味で、ジャイプル旧市街の建物はピンク色にぬられ、この街はピンク・シティと呼ばれるようになった。マハラジャは多くの時間を海外で暮らすなど贅沢な生活をしていたという。

インド屈指の観光地（20 世紀～）

1947 年にインド共和国が成立すると、マハラジャはしばらくのあいだ年金などの優待条件を受けていたが、やがて一市民の立場となった。英領インド時代、ラージプタナと呼ばれた地域は、ラジャスタン州となり、インドでも屈指の観光地として知られている。世界遺産ジャンタル・マンタルを抱える州都ジャイプルはじめ、ブルー・シティとして知られるジョードプル、水の都ウダイプル、砂漠の隊商都市ジャイサルメールなど、いずれも中世から近代にかけてこの地をおさめたマハラジャゆかりの宮殿や遺構を見ることができる。

参考文献

『アジア都市建築史』（布野修司・応地利明 / 昭和堂）

『インドの歴史的都市』（小西正捷 / 学生社）

『北インド』（辛島昇・坂田貞二 / 山川出版社）

『インド建築案内』（神谷武夫 /TOTO 出版）

『ムガル期インドの国家と社会』（佐藤正哲 / 春秋社）

『都市の顔・インドの旅』（坂田貞二 / 春秋社）

『「星の王様」が造った天文遊園地』（中村好文 / 芸術新潮）

『占星術師たちのインド』（矢野道雄 / 中央公論新社）

［PDF］ジャイプル地下鉄路線図 http://machigotopub.com/pdf/jaipurmetro.pdf

まちごとパブリッシングの旅行ガイド

Machigoto INDIA , Machigoto ASIA , Machigoto CHINA

【北インド - まちごとインド】

001 はじめての北インド
002 はじめてのデリー
003 オールド・デリー
004 ニュー・デリー
005 南デリー
012 アーグラ
013 ファテープル・シークリー
014 バラナシ
015 サールナート
022 カージュラホ
032 アムリトサル

【西インド - まちごとインド】

001 はじめてのラジャスタン
002 ジャイプル
003 ジョードプル
004 ジャイサルメール
005 ウダイプル
006 アジメール（プシュカル）
007 ビカネール
008 シェカワティ
011 はじめてのマハラシュトラ
012 ムンバイ
013 プネー
014 アウランガバード
015 エローラ
016 アジャンタ
021 はじめてのグジャラート
022 アーメダバード
023 ヴァドダラー（チャンパネール）
024 ブジ（カッチ地方）

【東インド - まちごとインド】

002 コルカタ
012 ブッダガヤ

【南インド - まちごとインド】

001 はじめてのタミルナードゥ
002 チェンナイ
003 カーンチプラム
004 マハーバリプラム
005 タンジャヴール
006 クンバコナムとカーヴェリー・デルタ
007 ティルチラパッリ
008 マドゥライ
009 ラーメシュワラム
010 カニャークマリ
021 はじめてのケーララ
022 ティルヴァナンタプラム
023 バックウォーター（コッラム～アラップーザ）
024 コーチ（コーチン）
025 トリシュール

【ネパール - まちごとアジア】

001 はじめてのカトマンズ
002 カトマンズ
003 スワヤンブナート

004 パタン
005 バクタプル
006 ポカラ
007 ルンビニ
008 チトワン国立公園

【バングラデシュ - まちごとアジア】

001 はじめてのバングラデシュ
002 ダッカ
003 バゲルハット（クルナ）
004 シュンドルボン
005 プティア
006 モハスタン（ボグラ）
007 パハルプール

【パキスタン - まちごとアジア】

002 フンザ
003 ギルギット（KKH）
004 ラホール
005 ハラッパ
006 ムルタン

【イラン - まちごとアジア】

001 はじめてのイラン
002 テヘラン
003 イスファハン
004 シーラーズ
005 ペルセポリス
006 パサルガダエ（ナグシェ・ロスタム）
007 ヤズド
008 チョガ・ザンビル（アフヴァーズ）
009 タブリーズ
010 アルダビール

【北京 - まちごとチャイナ】

001 はじめての北京
002 故宮（天安門広場）
003 胡同と旧皇城
004 天壇と旧崇文区
005 瑠璃廠と旧宣武区
006 王府井と市街東部
007 北京動物園と市街西部
008 頤和園と西山
009 盧溝橋と周口店
010 万里の長城と明十三陵

【天津 - まちごとチャイナ】

001 はじめての天津
002 天津市街
003 浜海新区と市街南部
004 薊県と清東陵

【上海 - まちごとチャイナ】

001 はじめての上海
002 浦東新区
003 外灘と南京東路
004 淮海路と市街西部
005 虹口と市街北部
006 上海郊外（龍華・七宝・松江・嘉定）
007 水郷地帯（朱家角・周荘・同里・甪直）

【河北省 - まちごとチャイナ】

001 はじめての河北省
002 石家荘
003 秦皇島
004 承徳
005 張家口
006 保定
007 邯鄲

【江蘇省 - まちごとチャイナ】

001 はじめての江蘇省
002 はじめての蘇州
003 蘇州旧城
004 蘇州郊外と開発区
005 無錫
006 揚州
007 鎮江
008 はじめての南京
009 南京旧城
010 南京紫金山と下関
011 雨花台と南京郊外・開発区
012 徐州

【浙江省 - まちごとチャイナ】

001 はじめての浙江省
002 はじめての杭州
003 西湖と山林杭州
004 杭州旧城と開発区
005 紹興
006 はじめての寧波
007 寧波旧城
008 寧波郊外と開発区
009 普陀山
010 天台山
011 温州

【福建省 - まちごとチャイナ】

001 はじめての福建省
002 はじめての福州
003 福州旧城
004 福州郊外と開発区
005 武夷山
006 泉州
007 厦門
008 客家土楼

【広東省 - まちごとチャイナ】

001 はじめての広東省
002 はじめての広州
003 広州古城
004 天河と広州郊外
005 深圳（深セン）
006 東莞
007 開平（江門）
008 韶関
009 はじめての潮汕
010 潮州
011 汕頭

【遼寧省 - まちごとチャイナ】

001 はじめての遼寧省
002 はじめての大連
003 大連市街
004 旅順
005 金州新区

006 はじめての瀋陽
007 瀋陽故宮と旧市街
008 瀋陽駅と市街地
009 北陵と瀋陽郊外
010 撫順

【重慶 - まちごとチャイナ】

001 はじめての重慶
002 重慶市街
003 三峡下り（重慶～宜昌）
004 大足

【香港 - まちごとチャイナ】

001 はじめての香港
002 中環と香港島北岸
003 上環と香港島南岸
004 尖沙咀と九龍市街
005 九龍城と九龍郊外
006 新界
007 ランタオ島と島嶼部

【マカオ - まちごとチャイナ】

001 はじめてのマカオ
002 セナド広場とマカオ中心部
003 媽閣廟とマカオ半島南部
004 東望洋山とマカオ半島北部
005 新口岸とタイパ・コロアン

【Juo-Mujin（電子書籍のみ）】

Juo-Mujin 香港縦横無尽
Juo-Mujin 北京縦横無尽
Juo-Mujin 上海縦横無尽

【自力旅游中国 Tabisuru CHINA】

001 バスに揺られて「自力で長城」
002 バスに揺られて「自力で石家荘」
003 バスに揺られて「自力で承徳」
004 船に揺られて「自力で普陀山」
005 バスに揺られて「自力で天台山」
006 バスに揺られて「自力で秦皇島」
007 バスに揺られて「自力で張家口」
008 バスに揺られて「自力で邯鄲」
009 バスに揺られて「自力で保定」
010 バスに揺られて「自力で清東陵」
011 バスに揺られて「自力で潮州」
012 バスに揺られて「自力で汕頭」
013 バスに揺られて「自力で温州」

【車輪はつばさ】
南インドのアイ
ラヴァテシュワラ
寺院には建築本体
に車輪がついていて
寺院に乗った神さまが
人びとの想いを運ぶと言います。

・本書はオンデマンド印刷で作成されています。
・本書の内容に関するご意見、お問い合わせは、発行元の
まちごとパブリッシング info@machigotopub.com までお願いします。

まちごとインド
西インド002ジャイプル
～ピンクの宮殿都市と「マハラジャ」［モノクロノートブック版］

2017年11月14日　発行

著　者　「アジア城市（まち）案内」制作委員会
発行者　赤松　耕次
発行所　まちごとパブリッシング株式会社
〒181-0013　東京都三鷹市下連雀4-4-36
URL　http://www.machigotopub.com/
発売元　株式会社デジタルパブリッシングサービス
〒162-0812　東京都新宿区西五軒町11-13
清水ビル3F
印刷・製本　株式会社デジタルパブリッシングサービス
URL　http://www.d-pub.co.jp/

MP015

ISBN978-4-86143-149-4 C0326　Printed in Japan